AF185922

Almina Kolland

DES VATERS FLÜGEL

Verse für Dich

© 2018 Almina Kolland
Alle Rechte vorbehalten. All rights reserved.

Verlag:	tredition GmbH, Hamburg
ISBN - Paperback:	978-3-7482-0798-6
ISBN - Hardcover:	978-3-7482-0799-3
ISBN - E-Book:	978-3-7482-0800-6

Umschlaggestaltung:	Almina Kolland
Titelbild:	© Archv - iStock by Getty Images
Layout:	Almina Kolland
Korrektorat:	**Almina Kolland**

INHALTSVERZEICHNIS

Noch ist nicht alles gesagt ...

... was am Ende auf dem Herzen lag.

VORWORT

Liebe Leser und Leserinnen,

Diesen Lyrikband widme ich meinem verstorbenen Vater, meiner liebevollen Mutter und meinem großen Bruder. Wenn ein geliebter Mensch plötzlich aus unserem Leben gerissen wird, ist die Zeit der Trauer unvermeidbar. Solch ein Verlust wird im Herzen nicht aufhören zu schmerzen. Schätzen wir das Leben, schätzen wir auch die Liebe zur Familie und unseren Freunden. Denn diese wunderbaren Menschen sind dafür verantwortlich, dass es uns mit jedem Tag ein Stück besser geht und wir lernen mit dem schmerzlichen Verlust im Alltag umzugehen. Ich wünsche Euch in diesem Sinne schöne Momente und Freude beim Lesen.

Herzlichst Eure,
Almina Kolland

VERSE FÜR DICH

In der Ewigkeit

Wie oft weinte ich,
stieß einen lauten Schrei
aus meiner warmen Brust.

Gott,
bring ihn mir zurück.

Das Wesen des Alltags
machte sich schnell breit,
schon nach kürzester Zeit.

Familie, Freunde,
die Arbeit eine Ablenkung.

Dann kam der Moment
mit sich ganz allein zu sein,
wo die schmerzende Seele
wieder zum Himmel
erneut Gott anschreit.

Bring ihn mir zurück,
nimm alles was du willst,
gib ihn mir wieder
in mein Leben zurück.

Er fehlt mir,
ohne ihn ist
jeder Tag getrübt.

Kurz höre ich auf,
fange dann stiller
aus tiefster Brust
Gott anzuschreien.

Doch eine leichte
kleine Sekunde
der sanften Ruhe
konnte ich deutlich
trotz Traurigkeit
in mir spüren.

Es war,
ein Herzschlag
sehr nah neben
dem meinen.

Wie leises Flüstern
und ich verstand,
Gott, du nahmst
ihn mir nicht weg.

Gott,
du legtest seine Seele
in mein Herz,
damit er in der Ewigkeit
mein Leben bewacht.

Blüte süßer Natur

Das ist eine verrückte Zeit,
die uns im Ganzen verurteilt.
Selbst wenn ich jeden Abend
aus tiefster Seele weinen müsste,
ich hätte ein warum und wofür.

Dich!

Dieses tendelnde Leben
ähnelt einem Briefkopf,
andem jeder arbeiten soll,
wie er es am besten kann.

Manchmal dreht sich
aus der Blüte süßer Natur
ein stürmischer Kreislauf
den schiefsten Bahnen
entgegen und verblasst
im neuen Tageslicht.

Wenn ich in den Spiegel sehe,
werden alle Ereignisse
und deren Erinnerungen
zu einer lebendigen Schattenfigur.

Etwas seltsam ungebrochenes
umhüllt von geschmeidiger Haut,
tatsächlich, durch die Adern
fließt noch immer warmes Blut.

Nun sitzend in einer Ecke,
sinniere ich und weiß bereits,
jemand blindes versucht dich
aus meinem Herzen zu nehmen.

Der Körper bleibt ein Käfig
der einsamen Seele und lässt
dein schönes Sein nicht los.

Verspätete Tränen sind
ein entbrannter Seelenkrieg,
früh sah mein Leben nicht,
dass dein Leben dir gut stand.

Früh sah mein Leben nicht,
dass dein Wesen,
dein unvollendeter Briefkopf
auch mit der großen Angst
aufflammender Sehnsüchte
aus reiner Liebe besteht.

Im ewigen Lebenskreis

Die kostbare Zeit vergeht,
denn auch wir sind gewiss
auf dieser Erde vergänglich.

Das Herz weint bitterlich,
manchmal leben wir gern
nur in die Nacht hinein.

Schweigt der kurze Tag,
können wir wortlos,
stillschweigend um uns
all die Dunkelheit ertragen.

Wenn die leichte Seele
friedvoll in uns verweilt,
ruht sanft ihr Schmerz.

Wird die Liebe erneut
einem Atemzug gleich,
fühlen wir Unsterblichkeit
im ewigen Lebenskreis.

Endgültiger Abschied

Du endgültiger Abschied,
hast keinen geeigneten
Zeitpunkt gewählt
für deine Übergabe,
den stechenden Schmerz.

Du kamst viel zu früh
aus der dunkelsten Ecke,
aus einem Nichts,
dem Unbekannten hervor.

Packtest ein was dein hier
kurzer Aufenthalt brauchte,
nahmst dem Tag die Sonne,
der Nacht die Hoffnung
auf funkelnde Sterne.

Ohne große Ankündigung,
zweifellos keine Gnade,
ohne im Herzen anzuklopfen,
hast die Bühne des einst
mühevollen Lebens gestürmt.

Niemandem Rechenschaft
schuldig für deinen Verrat,
nahmst fort die Windbrise
und damit vom Menschen
seine unbeschwerte Leichtigkeit.

Ohne einen Wimpernschlag
fiel dein leises Flüstern
zum Boden der Traurigkeit,
du grausamer Abschied
brachtest elenden Leid
über den ganzen Horizont.

Nahmst hinfort vom Fleck
den Blumen ihre Blüten,
ihre verankerten Wurzeln
hast du müssen entzweien.
Wachtest immer aufmerksam,
über dies Leben und den Tod.

In der durstigen Brust erwachte
der Himmel mit seiner Hölle,
schnell, unnachgiebig ohne Worte
kam eine neue Morgenröte.

Die Botschaft vorm Schluss
ist des Endes naher Neuanfang,
jedoch die erbitterte Trauer
kann sich nicht dazu zwingen
wie der endgültige Abschied
Mauern ums Herz zu erbauen.

Leinwand des Lebens

Wer hätte jemals gedacht,
dass dies prächtige Leben
zwei gebrochenen Hälften
einer Leinwand gleicht.

Eine Hälfte endlos leer,
die andere beschriftet
in den Farben des Lebens,
dem Herzen angepasst.

Auch du und ich waren
zwei verschiedene Seelen,
gespaltene kleine Tränen,
deren Liebe nur im Kern
der Freude verweilte.

Die endlos leere Leinwand
wurde einst geschaffen
durch des Menschen
Einsamkeit ohne Leidenschaft.

In den buntesten Farben,
die andere Leinwandhälfte
schöpfte aus ihrem Leid
und gönnte dem Tag
seine besondere Leuchtkraft.

Auch mein Traumhaus
bleibt stets unvollkommen
und leer wie weißes Papier,
denn in diesem Lebensraum
der Erdenwelt bist du nimmer.

Wer hätte jemals gedacht,
nur mein Herz schlägt weiter
und verleiht ganz saht
der bunten Leinwand
etwas deiner Unsterblichkeit.

Bedingungslose Liebe

Meine bedingungslose Liebe
ist aus meiner warmen Brust
mit deinem erloschenen Stern
zum Nachthimmel gewichen.

Meine bedingungslose Liebe,
dein Schmerz in meinem Herz
weicht auf eine unbekannte Seite
suchend nach Erinnerungen.

Meine bedingungslose Liebe
wird festhalten am Lebensfeuer,
bis meine Augen wie die deinen
ihren Glanz für immer verlieren.

Unendliche See

Ich schließe die Augen
für einen kurzen Moment,
für ein kurzes Wiedersehen,
für ein langes Aufatmen.

Unendlich ist diese Reise,
unendlich ist auch die See
mit ihren tiefen Gefühlen.

Die Lippen sind zimperlich,
mein Mund bleibt geschlossen
um dich ein letztes Mal wortlos
in meine Arme zu umschließen.

Unendlich ist dieser Traum,
ich öffne nur mein Herz
und spüre keine Traurigkeit.

Glücklich

Glücklich neben dir zu stehen,
glücklich neben dir zu sitzen
und dich viele Stunden
in Sekunden zu beobachten.

Glücklich mit dir zu reden,
bei einem warmen Kaffee
die unvollkommene Welt
und ihre doch schönen Seiten
mit Sanftheit zu belächeln.

Glückliche Umarmungen,
glücklich dir einen Kuss
auf deine Wange zu drücken,
nur um deinen verschmitzten
Gesichtsausdruck zu sehen.

Ich war stets glücklich,
du warst glücklich mit mir.
Meine Hand streichelte sanft
deinen Kopf und das Haar,
dich loslassen war sehr nah.

Jetzt sind wir wieder glücklich
vereint in meinen Träumen,
deine Seele blieb neben meiner
und du bist noch lebendiger.

Geliebter Papa

Ich vermisse dich,
in unseren Gesprächen
und Umarmungen,
doch ich erkenne dich
in meinem Spiegelbild.

Ich höre dich
in meinen Gedanken,
ich fühle dich
in meinen Handlungen,
ich sehe dich
in meinen Stärken
und Schwächen.

Ich weiß, du bist
meinem Herzen nah.
Du bist nicht fern,
du bist nicht fort
aus meiner Welt.

Geliebter Papa, du bist
der wärmste Sonnenstrahl
meiner innigen Liebe
hier auf Erden geblieben.

Bett der Ruh

Der Zauber des Lebens
schien schnell verflogen,
die lange Reise beendet
durch abgelaufene Zeit.

Auf der blassen Wand
die Holzuhr, ihr lauter
Uhrzeiger schlug zum
gebrochenen Herzen.

Vaters Schmerz machte
den aller letzten Atemzug,
er sah friedlich, erholt
von der Lebensreise aus.

Das ewige Bett der Ruh
ist sein neues daheim,
im Blick der Pein wurde
dies auch Mutter bewusst.

Vaters stützende Flügel

Innerlich ist zerbrochen
der Seele ihr Spiegelbild,
äußerlich gehalten durch
die Gnade von der Liebe.

Weinend auf der Straße
sitzend blieb das Kind,
auf dem Rücken tragend
des Vaters stützende Flügel.

Lachend, des Lebens froh
über den grünen Feldern
bejahten einst die Rehe
unser aller Erdenparadies.

Menschenhände in Farben
getränkt und geteilter Segen
durch die Fülle von Freud
und dem kurzatmigen Leid.

Gefühle wurden wiederbelebt,
Gefühle wurden zum Gesang
mit dem süßen Lebenstrunk
der verbreiteten Barmherzigkeit.

Wo der Sinn im Strohhalm
mit dem Kopf feststeckte,
blieb der Narr des Lebens
beglückt und der vielen Wege.

Du immer werdende Welt,
lebendig am verdursten
mit gemischten Gefühlen
und hungrigem Eigensinn.

Das Kind sitzt auch heut
auf dem kalten Straßenboden,
ums kleine Wesen gebunden
Vaters stützende Flügel.

Gleiche Menschen

Hinfort altes Jahr,
du brachtest Leid
im kostbaren Sein.

Hinfort altes Jahr,
die Schönheit
sensibler Stunden
glitt zügig von ihnen.

Sie wussten nicht,
dies alte Jahr ist
eine Bereicherung
ihrer Erfahrungen.

Sie wussten nicht,
wie das Wasser
der Gefühle klingt.

Sie wussten nicht,
bei einer Windesbrise
fallen die Augen zu.

Doch das alte Jahr
nahm die Kostbarkeiten
und zog still vorüber.

Bleib noch altes Jahr,
mein schönes Leben,
bereuten sie erst spät.

Auffangen ihr Glück
konnten sie nicht mehr,
landeten im neuen Jahr
gleicher Natur, gleiche
Menschen wie zuvor.

Erfüllter Geist

Von dir lernte ich,
dass Leben munter
vorwärts zu gehen,
gemeisterte Hürden
behutsam zu verlassen.

Waren meine Wege
steinig und schwer,
von dir lernte ich
mit ganzem Vertrauen
aufrecht weiterzugehen.

Ich dachte nicht daran,
ich träumte nicht davon,
eines warmen Tages
stand er vor meiner Tür,
der steinigste Lebensweg
im Trauermantel gehüllt.

Du warst nicht mehr da,
du gingst auf den Weg
mit dem Sonnenlicht
und ließt auf dieser Welt
deinen Körper zurück.

Für die Seele lasterhaft
kann der Kummer sein,
trostlose Tränen wie ein
verschüttetes Glas Wein.

Von dir lernte ich,
ein erfüllter Geist wird
im Herzen seiner Lieben
zur letzten Ruhe finden.

Deinen Verlust unterm
lodernden Brustschmerz
von mir weg zu streichen
lernte ich von dir nicht,
die Zeit zog verfrüht
ihren eigenen Strich.

Gnade im Trost

Kannst du hören,
kannst du sehen,
kannst du spüren,
diese lauten Fragen
tragen meine Lippen
stumm in den Alltag.

Wenn du hörst,
erhöre mich,
schenke Kraft.

Wenn du siehst,
sehe mich,
verbreite Licht.

Wenn du spürst,
spüre mich,
sei Gnade im Trost.

Mein Herz weint,
es weint, Vater,
ich vermisse dich
in die Nacht hinein
und ich träume dich
zum aufgehenden Tag.

Der friedliche Schlaf

Eine verregnete Nacht
zog entlang der Straßen
unserer schönen Heimat,
launisch kam ein Sturm,
er wütete um das Haus.

Die Erde bebte sehr stark,
schüttelte eine Welle von
großer Traurigkeit aus,
ein Windhauch glitt sanft
über mein kaltes Gesicht.

Ich sah zu eurem Fenster,
konnte die Last fühlen,
die Flut von den Tränen
kaum im Herz ertragen.

Das Licht im Zimmer
war einst so sternenklar,
verblasste im Raum mit
dem friedlichen Schlaf
des geliebten Vaters.

Worte des Herzens

Kind,

manche Wort sind
unbedacht und tragen
ein schattiges Trugbild.
Zwischen Beziehungen
bau mit der Ehrlichkeit
zu jedem Vertrauen auf.

Kind,

egal in welchem Land,
egal in welcher Kultur
der Mensch aufwuchs,
er bleibt immer gleich
aus Fleisch und Blut.

Kind,

begegne mit Respekt
deinem Gegenüber,
sei fleißig, anmutig,
mach eine Pause, lache,
geh spielen, tobe heiter
im Wind, sei hilfsbereit.

Kind,

erzwinge nichts, hab
die Stärke der Geduld
und lass dir nichts von
niemandem aufzwingen.

Kind,

irgendwann sind wir
weit entfernt von dir,
lebe dein Leidenschaft
im Leben und führe an
dein komponiertes Lied.

Kind,

steht jemand sehr böses
auf deinem Lebensweg,
lächle, hauche die Sonne
in dein Herz hinein.

Kind,

will ein Wicht dich von
deinem Platz vertreiben,
bleib ruhig, bleib sitzen,
der Wicht weicht auf
seinen Platz zurück.

Kind,

wenn eine schwere Zeit
deine Seele bedroht,
denk an unsere Worte,
lass sie fließen durch
dein warmes Gemüt.

41

Schlittenfahrt

Schneeflöckchen
glitten sanft über
unsere Wangen,
es war ein kalter
erster Wintertag.

Vater ging mit uns
und dem Schlitten
auf den hohen Hügel,
wir spielten zwischen
großen Tannenästen
und hielten einander
bei den Händen fest.

Ganz oben am Hügel,
über unseren Köpfen
der blaue Himmel
und vor uns Vater
mit seinem Jägerhut.

Wir wussten er war
kein Jäger, der Hut
passte ihm ganz gut,
es war seine liebste
Kopfbedeckung.

Uns war damals
nicht bewusst,
es war eine schöne
letzte Schlittenfahrt
als kleine Kinder
mit unserem Vater.

Zu früh wurden wir
erwachsene Leut,
hätten wir gewusst
was die Zeit austrägt,
hätten wir das Leben
mit unserem Vater
in der verspielten
Kindheit verbracht.

Dein Lebensfluss

Ein aller letztes Mal
deine rauen Hände
liebkost und gehalten,
ein aller letztes Mal
deine Stirn geküsst.

Deine blauen Augen
sind nun geschlossen,
sehen wirst du nicht
wie deine Enkel mit
der Zeit aufwachsen.

Ein aller letztes Mal
deine Haut berührt,
die Kälte machte sich
in deinen Adern breit.

Ich glaube fest daran,
dein Lebensfluss ist
noch nicht vorbei.
Du wanderst jetzt
auf neuen Wegen
in die echte Freiheit.

ZITATE

Es mag kein Tag

im Leben vergehen

ohne die wahrhaftige

Schönheit der Erde,

mit den Augen

der Liebe zu sehen.

Aus dem Nichts

kam die große Furcht

getaucht in hellem Licht,

überschattet wurden wir

vom Tränenmeer.

.

Unvergesslich

bleibt die Nacht,

die aus einem

ich vermisse dich,

ich trage dich

im Herzen weint.

Wer die Liebe

empfangen kann

in diesem Leben,

wird im nächsten,

Liebe weitergeben.

Wir tragen die Blüte

unseres kurzen Lebens

mit dem Sonnenlicht

zum Horizont wieder

in die Freiheit zurück.

Nur die wahre Liebe

kennt die Fülle

eines erfüllten Lebens.

Es ist leicht

glücklich zu sein,

du neidest nichts,

du hasst niemanden,

du lebst dein Leben

mit Leidenschaft.

Unser Leben erwacht

mit dem Sonnenaufgang

und bewahrt die Liebe

im milden Geist

des aufblühenden Tages.

Das Leben

ist eine Wanderung

gegen die Windrichtung,

wir finden gewiss

den passenden Schlüssel

zum ewigen Paradies.

Wir sollten

nie vergessen

uns zu lieben,

denn am Ende

war das Leben

immer zu kurz.

Manchmal

zeigt das Gefühl

von bitterer Trauer

und der Seelenlast

unsere Lebendigkeit.

Das größte Geschenk

vom Leben an uns

ist die Liebe

über den Tod hinaus

im Herzen zu bewahren.

Solange unsere Zeit

hier auf Erden verweilt,

wird eine geliebte Seele

tief in unserem Herzen

bei uns verbleiben.

Wenn ein Mensch

das Leben verändert,

hat seine Stärke

ihn bereits geändert.

Vater,

unendlich

ist die Liebe

zu dir geblieben,

im Herzen lebt

die Erinnerung

an dich.

MIX

Papier | Fördert
gute Waldnutzung

FSC® C083411

Zeitfracht Medien GmbH
Ferdinand-Jühlke-Straße 7
99095 Erfurt, Deutschland
produktsicherheit@kolibri360.de